BEI GRIN MACHT SICH IHR WISSEN BEZAHLT

Bibliografische Information der Deutschen Nationalbibliothek:

Die Deutsche Bibliothek verzeichnet diese Publikation in der Deutschen National-
bibliografie; detaillierte bibliografische Daten sind im Internet über http://dnb.d-
nb.de/ abrufbar.

Impressum:

Copyright © 2008 GRIN Verlag, Open Publishing GmbH
Druck und Bindung: Books on Demand GmbH, Norderstedt Germany
ISBN: 978-3-668-05382-3

Dieses Buch bei GRIN:

http://www.grin.com/de/e-book/306695/kafkas-vor-dem-gesetz-eine-einfuehrung-
in-die-literarische-hermeneutik

Alexander Bauerkämper

Kafkas "Vor dem Gesetz". Eine Einführung in die literarische Hermeneutik

GRIN Verlag

GRIN - Your knowledge has value

Der GRIN Verlag publiziert seit 1998 wissenschaftliche Arbeiten von Studenten, Hochschullehrern und anderen Akademikern als eBook und gedrucktes Buch. Die Verlagswebsite www.grin.com ist die ideale Plattform zur Veröffentlichung von Hausarbeiten, Abschlussarbeiten, wissenschaftlichen Aufsätzen, Dissertationen und Fachbüchern.

Besuchen Sie uns im Internet:

http://www.grin.com/

http://www.facebook.com/grincom

http://www.twitter.com/grin_com

Freie Universität Berlin
Institut für Deutsche und Niederländische Philologie
Sommersemester 2008

Veranstaltung: Einführung in die Textanalyse

Einführung in die literarische Hermeneutik – am Beispiel von Kafkas *Vor dem Gesetz*

Verfasser: Alexander Bauerkämper

Inhaltsverzeichnis

1 Einleitung 1

2 Einführung in die Hermeneutik 1

  2.1 Antikes Textverständnis und mittelalterliche Bibelexegese: 2

  Vorformen einer Auslegungsmethode literarischer Texte 2

  2.2 Die Hermeneutik der Moderne 4

  2.3 Modelle der Hermeneutik bei Hans-Georg Gadamer 6

  2.4 Brüche und Grenzen der Hermeneutik 7

3 Eine hermeneutische Modellanalyse 7

  3.1 Kafkas „Vor dem Gesetz" 8

  3.2 Die „Türhüter-Parabel" im Kontext des *Proceß* 10

4 Schlussbemerkung 10

5 Bibliographie 11

1 Einleitung

Bei dieser Arbeit handelt es sich um eine umfassendere Ausarbeitung eines gleich betitelten Referates, welches ich am 8. Mai 2008, vor meinen Kommilitonen und meinem Dozenten Herrn Dr. Feger, im Seminar „Einführung in die Textanalyse" vortrug. Sie hat also, wenn sie auch in Umfang und Vorgehensweise einer Seminararbeit gleicht, nicht den Anspruch eine solche zu sein. Im Aufbau dieser Ausarbeitung werde ich der Gliederung meines Referates folgen, wobei ich die behandelten Gegenstände in ausführlicherer Form beschreiben werde. Es soll aber darauf hingewiesen sein, dass es sich hierbei trotzdem nur um eine Einführung in die Thematik handeln kann.

Aufgrund der beträchtlichen Zahl an unterschiedlichen Bedeutungen, mit welchen die Begriffe „Hermeneutik" und „hermeneutisch" je nach Disziplin belegt sind, habe ich versucht mich auf die besonders für die Neuere deutsche Literaturwissenschaft relevanten Modelle zu beschränken. Dabei soll die Hermeneutik vorrangig als Lehre des Verstehens und Auslegens von mündlicher Rede und schriftlichem Text behandelt werden. Die ontologische Hermeneutik, die sich philosophisch mit dem Prinzip des Verstehens an sich befasst, kann und soll dabei nicht umgangen, jedoch auch nicht in ihrer ganzen Tiefe einbezogen werden.

Zunächst werde ich also einen Einblick in die Ursprünge und Entwicklung dieser Kunst des Verstehens eröffnen, um dann im Anschluss eine beispielhaft hermeneutisch vorgehende Analyse von Franz Kafkas *Vor dem Gesetz*, durchzuführen.

2 Einführung in die Hermeneutik

Um sich der Komplexität des Hermeneutikbegriffs zu nähern ist es sinnvoll zuerst nach der Etymologie des Wortes „Hermeneutik" zu fragen. Es leitet sich vom griechischen Wort *hermeneúein* ab, welches die Bedeutungen ‚aussagen', ‚mitteilen', aber auch ‚auslegen' und ‚interpretieren' tragen kann (vgl. KLAWITTER/OSTHEIMER 2008: 18). Es ist somit das Pendant zum lateinischen *interpretari*. Der Götterbote (*hermeneús*) des antiken Griechenland ist Hermes[1]. Er

---

[1] Der Zusammenhang zwischen „Hermeneutik" und „Hermes" ist, wenn auch inzwischen weitgehend anerkannt, nicht völlig unumstritten. Siehe dazu GRONDIN (2001: 27). Ihm scheint diese Verwandtschaft „zu offensichtlich um auch wahr zu sein".

1

überbringt den Sterblichen den Willen der Götter. Dabei findet durch die Rezitation der Botschaft bereits Auslegungsarbeit statt.

Die Hermeneutik befasst sich nicht nur mit der Interpretation von literarischen Texten, sondern auch mit „mündlichen Äußerungen, sowie anderen sinntragenden Konstruktionen, z.b. Bildern, Gesten, Handlungen oder Träumen" (Jeßing/Köhnen 2007: 278). Dabei hat sie sich im Laufe der Zeit weiterentwickelt, gewandelt und in verschiedene Unterdisziplinen ausdifferenziert.

Aufgrund dieser Vielfalt und Komplexität scheint es problematisch eine skizzenhafte Darstellung der hermeneutischen Modelle anhand einzelner Epochen zu wählen. Es „könnte den falschen Eindruck hervorrufen, es gebe eine kontinuierliche Entwicklung von den Ursprüngen der griechischen Philosophie bis zu den ‚Zielformen' der zeitgenössischen Hermeneutik" (Rusterholz 2005: 103). Trotzdem halte ich es für die beste Möglichkeit, um einen ersten Einblick in die Thematik zu bieten, zuerst auf die antiken und mittelalterlichen Ursprünge der Hermeneutik, danach auf ihre Weiterentwicklungen in der Moderne und abschließend auf die Ansätze Gadamers, als einem Vertreter der Gegenwart, einzugehen.

2.1 Antikes Textverständnis und mittelalterliche Bibelexegese: Vorformen einer Auslegungsmethode literarischer Texte

Bereits in der griechischen Antike gewann man die Einsicht, dass zum Verständnis eines jeden Textes eine Interpretation und die Abwägung zwischen richtigen und falschen Deutungen, notwendig seien.

Man unterschied, seit den klassischen Homer-Interpretationen, zwischen zwei grundlegend differierenden Interpretationstätigkeiten: Sollte der wörtliche Sinn (*sensus litteralis*) eines Textes, mit Hilfe von Erkenntnissen aus der Wort- und Bedeutungsforschung, durch eine sprachlogische Analyse, rekonstruiert, also in moderne Sprache übersetzt werden, handelte es sich um die so genannte *grammatisch-rhetorische Auslegung*. Meist wurden mit Hilfe dieses Vorgehens Schriften analysiert, die in ihrem Horizont und Wortschatz veraltet oder unverständlich geworden waren. Ein auf heute übertragenes, überspitztes, doch banales Beispiel für diese Art der Auslegung wäre die Deutung einer komplizierten Bedienungsanleitung, zu welcher man eventuell ein Fremdwörterbuch oder andere Nachschlagewerke zu Rate ziehen müsste.

Dem Gegenüber stand die *allegorische Auslegung*. Sie stellte dem *sensus litteralis* einen *sensus allegoricus*, einen allegorischen, symbolischen Sinn, anbei. So wurde beispielsweise Homer im Laufe der Zeit von seinen Interpreten ganz neu aufgefasst. Nicht mehr die anschauliche Vorstellung des Mythos stand im Vordergrund. Vielmehr suchte man hinter den Schriften den symbolischen, oft moralischen Sinn zu finden und im Zeichen seiner Zeit auszulegen (vgl. JEßING/KÖHNEN 2007: 278 f. und RUSTERHOLZ 2005: 104 f.).

In dieser Tradition stehend wurden (im 2. und 3. Jahrhundert) Bibeltexte durch die griechischen Kirchenväter ausgelegt.

Diese so genannte Bibelexegese wurde dann später von Augustins Vorstellung eines vierfachen Schriftsinns *(Allegorese)* geprägt und ausgebaut. So ging man im Mittelalter davon aus, dass hinter jeder biblischen Aussage vier Sinne steckten. Der *wörtliche Sinn*, erzählt dabei das geschichtliche Ereignis, während der *allegorische Sinn* die Verbindung zwischen Altem und Neuem Testament verdeutlicht und somit vorgibt, was zu glauben ist. Der *moralische Sinn* will ethisch richtiges Handeln bezwecken und der *anagogische Sinn* spielt auf die eschatologische Wirklichkeit der Endzeit ab.

Seit Cassian ist „Jerusalem" ein oft verwendetes Beispiel um den vierfachen Sinn eines biblischen Wortes darzulegen.

Im 12. Jahrhundert wird dieses vierfach unterscheidende, hermeneutische Vorgehen auch erstmals auf profane Literatur angewandt. Ein erster Schritt zu einer literarischen Hermeneutik (vgl. RUSTERHOLZ 2005: 105).

Ein radikaler Bruch mit der traditionellen Auslegungskunst, die sich seit hunderten von Jahren entwickelt und in den Klöstern etabliert hatte, stellte die Bibelübersetzung durch Martin Luther dar.

Er folgte dabei zwei revolutionären Grundprinzipien. Zum einen lehnte er die Auslegungswillkür und die Deutungshoheit der katholischen Kirche, welche sie nicht selten für ihren eigenen Profit zu nutzen pflegte, strikt ab. Stattdessen stellte er den Bibeltext selbst im Zentrum und betrachtete ihn somit nur unter dem Aspekt des *sensus litteralis* um jegliche Art der Verfremdung des Wort Gottes zu vermeiden.

Zum anderen ging er davon aus, dass er durch eine enge Textlektüre den Sinn von Einzelstellen, durch Bezugnahme zum Gesamtkontext und umgekehrt, erschließen könne. Dies stellte eine Vorform des hermeneutischen Zirkels dar, welcher später vor allem von Gadamer weiterentwickelt werden sollte.

In Johann Christian Dannhauers *Hermeneutica sacra* (1654) wurde der Begriff „Hermeneutik" erstmals im Titel einer Veröffentlichung verwendet. Viele seiner Zeitgenossen schrieben Regelpoetiken, Dannhauer entwarf sozusagen das Gegenstück zu diesen indem er einen Regelkatalog zur Textauslegung verfasste.

Aus diesen Bestrebungen heraus entwickelte sich die Hermeneutik im 18. Jahrhundert zu einer eigenen Wissenschaftsdisziplin. So entstand gegen Ende des Jahrhunderts langsam neben der theologischen (*hermeneutica sacra*) und der juristischen (*hermeneutica profana*) Hermeneutik, sowie der klassischen Philologie auch eine explizit literarische Hermeneutik. Dieser Vorgang sollte sich im Zuge der Romantik noch verstärken.

2.2   Die Hermeneutik der Moderne

Steht für die Aufklärungshermeneutik der Versuch, Regeln für das Textverständnis aufzustellen, noch im Vordergrund, so geht die Hermeneutik der Romantik einen ganz neuen Weg: Sie problematisiert das Verstehen selbst. Vor allem Friedrich Schlegel (1772-1829) erklärt das „Missverstehen oder die Unverständlichkeit zur Interpretationsmaxime" (JEßING/KÖHNEN 2007: 280). Er betont die Prozesshaftigkeit des Verstehens und die Vieldeutigkeit literarischer Texte, wobei das Unverständnis dafür sorge, dass dieser Prozess fortgeführt und sich stufenweise einem Verstehen annähere.

Diesen Gedanken fasst auch Friedrich Schleiermacher (1768-1834) auf. Er versteht die Interpretation von Kunst als ein „unendliches Gespräch" (JEßING/KÖHNEN 2007: 280). Des Weiteren entwickelt Schleiermacher eine neuartige aber nicht ganze neue[2] zweifache Interpretationsperspektive: Zum einen soll der Leser, der sich kongenial[3] und phantasievoll in den Autor hineinversetzt, den auszulegenden Text

---

[2] RUSTERHOLZ (2005: 116) versteht „das Konzept der grammatischen Auslegung [...] als Versuch kritischer Rekonstruktion jener Auslegungsregeln [...], die die vorangehende Bibelhermeneutik schon bereitgestellt hatte. [...] Schleiermachers Konzept unterscheidet sich von der Tradition allerdings grundsätzlich durch sein Verständnis der *Sprache*."
[3] Der Begriff „kongenial" steht dem des „Co-Autors" sehr nahe. Der Leser soll, mit dem Autor auf gleicher Ebene stehend, sozusagen ihm über die Schulter schauend, sich in ihn hineinversetzen und daraus ein

durch eine *psychologische Interpretation* dem Textsinn näher kommen. Durch sein Verstehen vervollständigt er den Text. Er wird somit zum divinatorischen, schöpferischen Co-Autor des Verfassers. Diese einfühlend-kreative Perspektive, die intuitiv einen Deutungsansatz entwickelt, kann aber nicht ohne eine *grammatische Interpretation* des sprachlichen Aufbaus eines Textes, die vor allem auch den historischen Kontext berücksichtigt, stichhaltig sein. Die Beziehung zwischen diesen beiden Perspektiven, sowie zwischen Teil und Ganzem bei Schleiermachers Hermeneutik-Verständnis wird von JEßING/KÖHNEN (2007: 281. Herv. aufgehoben) schlüssig formuliert:

> In einem mutmaßenden, psychologischem Erraten wird das Ganze der Deutung konstruiert und dann in der sprachlichen Auslegung am Einzelteil rückversichert, worin sich wiederum eine Kreisstruktur des Verstehens erkennen lässt.

Man kann also sagen, dass bei Schleiermacher eine Historisierung und Psychologisierung der Hermeneutik stattfindet. Sie verfährt zwar regelgeleitet, interpretiert das Werk schlussendlich aber immer auch auf methodisch indemonstrable Weise, wobei sie es nach- und neubildet.

Wilhelm Dilthey (1833-1911) gilt als Begründer der Theorie der Geisteswissenschaften. Dabei stellt er dem naturwissenschaftlichen *Erklären* das geisteswissenschaftliche *Verstehen* gegenüber. Das Verstehen eines Kunstwerkes bedeutet für ihn das Verschmelzen der Lebenshorizonte von Autor und Leser. Er reduziert Schleiermachers Konzept der zwei Interpretationsprinzipien auf das der Divination und geht davon aus, dass die hermeneutische Differenz[4] aufgrund des in jedem Individuum verankerten, allgemeinen und universalen Wissens überbrückbar sei. Die Wissenschaft der Folgejahre erkannte schnell, dass es zwar wünschenswert aber wohl vollkommen unmöglich sei, nur durch bloßes – wenn auch noch so intensives – Hineinfühlen in einen Autor, dessen Kultur, Tradition oder Zeitgeist zu verstehen.

Textverständnis entwickeln. Im Sinne der Romantiker wird erst durch die interpretierende Teilnahme des Lesers ein Text vollkommen.
[4] Die „hermeneutische Differenz" beinhaltet die Menge an den zwischen Autor und Leser vorhandenen kulturellen, sprachlichen, historischen Unterschieden. So dürfte es einem Zeitgenossen Goethes wohl auf Anhieb leichter gefallen sein, dessen Sprachstil und Intention zu verstehen, als uns heute.

Martin Heidegger (1889-1976) widmet sich eher ontologischen und erkenntnis-theoretischen Fragen und stößt dabei auf die Frage, was *Verstehen* tatsächlich bedeutet. Für ihn ist *Verstehen* eine Lebensbedingung, weil es die Grundlage allen Erkennens und Handelns bildet. Seine Arbeiten sind somit zwar nicht explizit auf eine literarische Hermeneutik abgefasst, jedoch in großen Teilen auf sie übertragbar. So betont er, dass Auslegung nie ein voraussetzungsloses Erfassen eines Vorgegebenen sei (vgl. HEIDEGGER 1986: 149), da es immer auf einem schon existenten Wissenshorizont basiert (und somit subjektiv geprägt ist!). Ausgestattet mit dieser Erkenntnis soll der Teufelskreis-Charakter des hermeneutischen Zirkels nicht vermieden, sondern es soll versucht werden „in ihn nach der rechten Weise hineinzukommen" (HEIDEGGER 1986: 153). Dies ist dann möglich, wenn man sich seines eigenen Horizonts bewusst wird und ihn produktiv hinterfragt.

2.3 Modelle der Hermeneutik bei Hans-Georg Gadamer

Hans-Georg Gadamers (1900-2002) Gedanken bewegen sich ganz im Lichte von Heideggers Modell. Dabei übernimmt er Heideggers Begriff vom hermeneutischen Zirkel und erweitert diesen. Für Gadamer existiert nicht nur ein zirkelförmiges Wechselspiel zwischen Teil und Ganzem innerhalb von Texten (z.B. Textstelle – Buch; Buch – Gesamtwerk eines Künstlers). Ein weiterer Aspekt seines Zirkels ist die *Horizontverschmelzung*. Gadamer geht davon aus, dass ein jeder Interpret mit bestimmten Vor-Urteilen an eine kommunikative Situation (dazu gehört neben mündlicher Rede oder schriftlichem Text auch das Rezipieren von Kunst) herangeht und diese aus seinem dadurch vorgegebenen Horizont deutet. Eine vollkommene Verschmelzung der beiden Horizonte (Leser – Text) ist stets nur annäherungsweise möglich. Das Verstehen ist für GADAMER (1990: 311) somit „der Vorgang der Verschmelzung". Es handelt sich um einen reziproken Vorgang, das heißt, dass nicht nur der Horizont des Lesers erweitert wird. Auch der schriftliche Text, der losgelöst von der Autorintention steht, erfährt eine Erweiterung, da ihm eine neue Interpretationsvariante hinzugefügt wird. „Deshalb sieht Gadamer Interpretation als nicht nur reproduktive, sondern auch produktive Handlung, die sich im dialektischen Prozeß der Horizontverschmelzung ereignet." (RUSTERHOLZ 2005: 129)

2.4 Brüche und Grenzen der Hermeneutik

Es wurde schnell erkannt, dass der Begriff „hermeneutischer Zirkel" nicht optimal gewählt wurde. Zutreffender wäre die Vorstellung einer *hermeneutischen Spirale*, in der das Textverständnis sich nicht immer wieder kreisförmig an seinem Ausgangspunkt vorbeibewegt, sondern in eine weitere Dimension aufsteigt. Dies würde die Differenz zwischen dem Verstehen *vor* und *nach* der Lektüre besser verdeutlichen, da sie sich so mehr voneinander abheben.

Die Hermeneutiker waren stets großer Kritik ausgesetzt, woraus sich viele andere literaturwissenschaftliche Herangehensweisen und Deutungsmodelle entwickelt haben. Wichtige Kritikpunkte waren meist die starke Tendenz zur Werkimmanenz und die Verkennung heterogener Interpretationsmöglichkeiten von Texten. Natürlich bestreiten die meisten hermeneutischen Modelle die Vieldeutigkeit von Texten nicht, doch gibt es Strömungen unter ihnen, die trotzdem davon ausgehen, dass es immer *eine* eindeutig bestimmbare Autorintention bzw. Textbotschaft geben muss, die es zumindest annähernd herauszufinden gilt. Das Ziel ist also die Wahrheit, wobei oft unter dem Deckmantel der Objektivität verkannt wird, dass Kunst für jeden anderes bedeuten und somit anders ausgelegt werden kann. Damit stößt die Hermeneutik auch an Grenzen, da sie aufgrund ihres Anspruchs möglicherweise vielfältige und sinnvolle Interpretationen unter den Teppich kehrt.

Diese Grenzen werden uns beispielsweise in Kafkas Türhüterparabel effizient vor Augen geführt.

3 Eine hermeneutische Modellanalyse

Wie die vorangehenden Ausführungen gezeigt haben stellen Geschlossenheit und Selbständigkeit eines Textes im Sinne der Hermeneutik unabdingbare Voraussetzungen des Verstehens dar. Aus diesem Grunde scheint Kafkas „Legende" *Vor dem Gesetz*, die sowohl im Textkomplex des Romans *Der Proceß*, als auch ausgegliedert als Einzeltext veröffentlicht wurde, für eine hermeneutische Auslegung besonders geeignet. An der Erzählung lassen sich sowohl die Möglichkeiten als auch die Grenzen der Hermeneutik sichtbar machen.

Im nächsten Abschnitt werde ich eine mir schlüssig erscheinende Analyse, die den Text unabhängig vom *Proceß* behandelt, vorstellen, wobei ich vor allem den Ausführungen von Bernd Witte folgen möchte. Da es der Umfang dieser Arbeit nicht erlaubt, werde ich einer Interpretation der „Türhüter-Parabel", als Schlüsselstelle innerhalb des *Proceß*, nur eine kurze Ausführung widmen.

3.1   Kafkas „Vor dem Gesetz"

In Franz Kafkas *Vor dem Gesetz* kommt „ein Mann vom Lande"[5] vor das Gesetz, zu welchem er bei einem Türhüter um Einlass bittet. Der Türhüter verwehrt ihm den Eintritt und sagt, er dürfe „jetzt" noch nicht eintreten, erst „später" werde es möglich sein. Daraufhin wartet der Mann vom Lande bis ans Ende seines Lebens am Tor zum Gesetz ohne Einlass zu bekommen.

Das Gesetz wird hier mit einem Gebäude verglichen, in welchem der Mann vom Lande offenbar „Geborgenheit oder Erfüllung" (WITTE 1993: 95) zu finden hofft. Kafka entwirft ein doppeltes Paradox, welches darin besteht,

> daß, obwohl der Türhüter dem Mann den Eintritt verwehrt, „das Tor zum Gesetz offensteht wie immer", und daß, obwohl das Tor offensteht und der Türhüter beiseite tritt", wie ausdrücklich gesagt wird, der Mann nicht hineingeht. (WITTE 1993: 96)

In den ersten Sätzen wird eine Rollenverteilung durchgeführt, die zu Beginn nicht unveränderlich festgestanden hat: Dem Türhüter werden weiter keine Attribute der Macht zugesprochen, der Mann jedoch „bückt sich [...], um durch das Tor in das Innere zu sehen" anstatt am Türhüter vorbei hineinzugehen. Durch diese unterwürfige Geste wird der Türhüter in eine Position über der des Mannes gehoben, die es ihm erlaubt, seine Macht zu betonen. Der Leser – und der Mann vom Lande – werden über seine tatsächliche Macht jedoch nicht aufgeklärt. Seine Behauptung, im Inneren des Gesetzes seien Türhüter postiert, deren Anblick noch nicht einmal er ertragen könne, setzen voraus, dass er selbst noch nicht im Inneren war, oder, dass er lügt. In jedem Falle ist seine Macht anzuzweifeln, was der Mann jedoch nicht bemerkt. Dieser zieht es vor, nachdem er das Erscheinungsbild des Türhüters betrachtet hat, „zu warten, bis er die Erlaubnis zum Eintritt" bekäme. „Tage und Jahre", während welcher er halbherzige Versuche unternimmt eingelassen zu werden, verbringt er dort. Mit der Zeit „vergißt er die anderen

---

[5] Alle aus *Vor dem Gesetz* entnommenen Zitate stammen aus der von Peter Höfle kommentierten Ausgabe (KAFKA 2003: 27-28).

Türhüter" und vertieft sich in das „Studium" des ersten Türhüters. Dabei beobachtet er ihn so genau, dass er selbst die Flöhe im Pelzkragen seines Gegenübers erkennt und um Hilfe bittet. Er konzentriert „für den Rest seines Lebens Energie und Aufmerksamkeit ausschließlich auf den Türhüter" (WITTE 1993: 96), obwohl er doch eigentlich „um des Gesetzes willen gekommen war". Er verliert also völlig aus den Augen, worum es ihm Ursprünglich ging. Er befasst sich nur noch mit der Instanz, die ihn vom Eintritt in das Gesetz abhält, aber nicht mit eben diesem selbst. Zum Ende seines Lebens bewegt den Mann noch eine letzte Frage: „Alle streben doch nach dem Gesetz, wie kommt es, daß in so vielen Jahren niemand außer mir Einlaß verlangt hat?" Woraufhin der Türhüter antwortet, der Eingang sei nur für ihn bestimmt gewesen und, dass er ihn nun schließen werde. Man kann hieraus schließen, dass für Kafka „der Zugang zum Gesetz [...] ein je eigener und individueller" (WITTE 1993: 97) ist und, dass es in der eigenen Verantwortung eines jeden liegt ein Leben, das von der Konzentration auf das wahre Ziel abgekommen ist, wieder neu zu justieren. Es bleibt jedoch bis zum Ende offen, – und hier kann die Hermeneutik nur an ihre Grenzen stoßen, da eine eindeutiger Sinn schlicht nicht zu finden ist – ob mit dem Schließen des Tores der Mann vom Lande erlöst wird, da er im Tod in das Gesetz eingetreten ist, oder nicht.

Dieser textimmanent geführten Analyse möchte ich nun noch eine weitergehende Interpretation anhängen, die unter all den anderen Ansätzen am schlüssigsten zu sein scheint.

Vor dem Gesetz war erstmals 1915 in einer jüdisch-deutschen Wochenschrift in Prag veröffentlicht worden. Zu dieser Zeit hatte Kafka sich schon seit Längerem mit dem traditionellen Ostjudentum und seinen spezifischen Problemen auseinandergesetzt (vgl. WITTE 1993: 97 f.). In diesem Sinne wäre das Gesetz mit der Tora gleichzusetzen und der Mann vom Lande, der einer Selbsttäuschung unterliegt, wäre ein vom Studium der Tora abgekommener Jude. Bernd Witte folgert, dass es sich bei diesem um Kafkas Vater handeln könnte. Dieser sei Teil einer jüdischen Aufsteigergeneration gewesen, die sich vom Dorf – vom Lande! – kommend in der Stadt (in seinem Falle Prag) ökonomisch und gesellschaftlich etabliert und sich dabei von ihrem Glauben entfremdet hatten. Eben dies macht Kafka seinem Vater im Brief zum Vorwurf und beschuldigt ihn anstelle an die Tora „an die Meinung einer bestimmten jüdischen Gesellschaftsklasse" zu glauben

(KAFKA 1963: 170). Diese Verfehlung spiegelt sich im Tun des Mannes in der Türhüterlegende wieder: Er lässt sich von den bloßen Reden des Türhüters, davon abhalten in das Tor des Gesetzes einzutreten, das für ihn allein geöffnet vor ihm steht.

3.2 Die „Türhüter-Parabel" im Kontext des *Proceß*[6]

Da *Vor dem Gesetz* nicht bloß für sich stehend, sondern auch als Binnenerzählung im *Proceß* veröffentlicht wurde, liegt eine Interpretation mit Bezug auf diesen Textkontext sehr nahe. Tatsächlich lassen sich viele Schlüsse ziehen, die dem Leser des Romans Aufschluss über die Geschichte des Helden Josef K. bieten. Es liegt also eine für die Hermeneutik klassische Konstellation der Teil-Ganzes-Beziehung vor.

Um die Grundzüge der gegenseitigen Beeinflussung der Textsinne von Roman und Erzählung kurz darzulegen möchte ich Bernd Witte zitieren:

> Der Held des Romans, Joseph K., ist als Mensch der Gegenwart noch weiter vom Gesetz entfernt als der Mann in der Legende. Das drückt sich vor allem darin aus, daß er gar nicht nach den Gesetzen forscht, auf Grund derer er schuldig geworden ist. Radikaler formuliert: Seine Schuld besteht ohne Gesetz. Darin liegt eben seine Verlorenheit als Mensch der Moderne begründet. So bleibt ihm nur noch, sich mit den Vermittlerinstanzen, den Behörden und dem Gericht zu befassen. (WITTE 1993: 102)

4   Schlussbemerkung

Kafka Lebt! Zumindest im heutigen Diskurs. Das wissenschaftliche, wie pseudo-wissenschaftliche Interesse an seinem Werk und seiner Person schoss in den letzten Jahren in Form zahlreicher Kafka-Museen, selbsternannter Kafka-Kennern und eben auch vieler sinnvoller Veröffentlichungen, aus dem Boden.

Aufgrund dieser Manie, die um seine Popularität entstanden ist, sollte man meinen, dass sich die Lektüre seiner Werke schnell etwas „ausgelutscht" anfühlen könnte, doch dem ist nicht so. Nach wie vor sind Kafkas Texte in ihrer Mystik ungebrochen und begeistern. Und das liegt vermutlich an den Schwierigkeiten, die seine Texte bereiten, wenn man sich mal daran macht sie auf einen eindeutigen, schlüssigen Sinn hin zu untersuchen. Oft ist es nicht möglich und man beißt sich schnell die Zähne an dieser Aufgabe aus. Kafka spielt allzu gerne mit dem wissenschaftlich

---

[6] Eine Ausführliche Analyse der Auslegungsdebatte zwischen Franz K. und dem Geistlichen im *Proceß* (Kapitel „Im Dom") bietet unter anderen Ulrich GAIER (1974).

ambitionierten Leser, war er doch selbst immer wieder Interpret seiner eigenen Texte. Doch eben in diesem ewigen Unverstehen (wie schon Schlegel feststellte) besteht der Reiz an der Kunst des Verstehens, der Hermeneutik und zwar ganz besonders bei Kafka. Abschließend möchte ich noch darauf hinweisen, dass ich leider erst spät auf das Hermeneutik-Verständnis von Peter Szondi gestoßen bin. In einer umfangreicheren Arbeit wäre es auf jeden Fall sinnvoll auf dieses einzugehen, da es ausdrücklich eine *literarische* Hermeneutik propagiert.

5   Bibliographie

GADAMER, Hans-Georg (1990): *Hermeneutik I. Wahrheit und Methode. Grundzüge einer philosophischen Hermeneutik.* 6., durchgesehene Ausg., Tübingen. (= Gesammelte Werke, Band 1)

GAIER, Ulrich (1974): *„Vor dem Gesetz.* Überlegungen zur Exegese einer ‚einfachen Geschichte'". In: *Festschrift für Friedrich Beissner.* Hg. v. Ulrich Gaier, Bebenhausen: S. 103-120.

GRONDIN, Jean (2001): *Einführung in die philosophische Hermeneutik.* 2. überarbeitete Aufl., Darmstadt.

HEIDEGGER, Martin (1986): Sein und Zeit. 16. unveränderte Aufl., Tübingen.

JEßING, Benedikt / KÖHNEN, Ralph (2007): *Einführung in die Neuere deutsche Literaturwissenschaft.* 2., aktualisierte und erw. Aufl., Stuttgart/Weimar.

KAFKA, Franz (1963): *Brief an den Vater.* In: *Er. Prosa von Franz Kafka.* Hg. v. Martin Walser, Frankfurt am Main. (= Bibliothek Suhrkamp, 97)

KAFKA, Franz (2003): *Vor dem Gesetz.* In: *Das Urteil und andere Erzählungen. Text und Kommentar.* Hg. v. Peter Höfle, Frankfurt am Main: S. 27-28.

KLAWITTER, Arne / OSTHEIMER, Michael (2008): *Literaturtheorie – Ansätze und Anwendungen.* Göttingen.

RUSTERHOLZ, Peter (2005): „Hermeneutische Modelle". In: *Grundzüge der Literaturwissenschaft.* Hg. v. Heinz Ludwig Arnold und Heinrich Detering, München: S. 101-136.

WITTE, Bernd (1993): „Das Gericht, das Gesetz, die Schrift. Über die Grenzen der Hermeneutik am Beispiel von Kafkas Türhüter-Legende". In: *Neue Literaturtheorien in der Praxis. Textanalysen von Kafkas* Vor dem Gesetz. Hg. v. Klaus-Michael Bogdal, Opladen: S. 94-113.